BEI GRIN MACHT SICH IHR WISSEN BEZAHLT

- Wir veröffentlichen Ihre Hausarbeit, Bachelor- und Masterarbeit

- Ihr eigenes eBook und Buch - weltweit in allen wichtigen Shops

- Verdienen Sie an jedem Verkauf

Jetzt bei www.GRIN.com hochladen und kostenlos publizieren

Konzeption eines qualitativen Leitfadeninterviews, qualitative Beobachtung, qualitative Fallauswahl

Wissenschaftliches Arbeiten

Bibliografische Information der Deutschen Nationalbibliothek:

Die Deutsche Nationalbibliothek verzeichnet diese Publikation in der Deutschen Nationalbibliografie; detaillierte bibliografische Daten sind im Internet über http://dnb.d-nb.de abrufbar.

ISBN: 9783346536990
Dieses Buch ist auch als E-Book erhältlich.

Einsendeaufgabe

Wissenschaftliches Arbeiten – Vertiefung I

Alternative C

Inhaltsverzeichnis

Abkürzungsverzeichnis

Bzw.	Beziehungsweise
Et al.	Et alii
Etc.	Et cetera
S.	Seite

Tabellenverzeichnis

Aufgabe 1

1. Konzeption eines qualitativen Leitfadeninterviews

In der qualitativen Forschung ist das Spektrum an Methoden zu Datenerhebung so groß, dass oberflächlich drei methodische Formen zur Orientierung unterschieden werden sollten. Dazu gehören nichtreaktive Verfahren, Beobachtungsverfahren und die in dieser Aufgabe im Fokus stehenden Befragungstechniken (Krüger, 2000, S. 333). Das Interview gilt als eines der meistverwendeten diagnostischen Instrumenten in der psychologischen Forschung und lässt sich als „eine zielgerichtete mündliche Kommunikation zwischen einem oder mehreren Befragern und einem oder mehreren Befragten" definieren, „wobei eine Informationssammlung über das Verhalten und Erleben der zu befragenden Person(en) im Vordergrund steht." (Renner, Heydasch, Ströhlein, 2012, S. 63). Qualitative Interviewverfahren können dabei hinsichtlich ihres Grades an Vorstrukturiertheit unterschieden werden (Krüger, 2000, S. 333). Es kann in diesem Kontext von einem Kontinuum ausgegangen werden, an dessen Polen sich eine vollstandardisierte und eine gänzlich offene Befragung gegenüberstehen. Im Folgenden soll sich auf die Konzeption eines halbstrukturierten bzw. Leitfadeninterviews konzentriert werden (Häder, 2015, S. 194). Das halbstrukturierte Interview basiert auf einem Leitfaden, also einem vorgefertigten Fragenkatalog, der eine grobe Orientierung gibt, welche Fragen in welcher Reihenfolge gestellt werden sollen. Es handelt sich dabei um offene Fragen ohne feste Antwortmöglichkeiten, die flexibel vom Interviewer an die Interviewsituation angepasst werden können. Zudem ist es dem Interviewer möglich vom Leitfaden abzuweichen, um Zusatz- und Vertiefungsfragen zu stellen, da es sich beim Leitfaden ausschließlich um ein Grundgerüst handelt, welches für die Vergleichbarkeit der Interviews sorgt. Dieser Interview-Leitfaden wird zunächst auf Basis der inhaltlichen Themen und zu interessierenden Fragestellungen der Interviewstudie entwickelt und darauffolgend mittels Probeinterviews überprüft und bei Bedarf modifiziert. In der Regel behandelt der Interview-Leitfaden 8-15 Fragen, die auf ein bis zwei Seiten erfasst werden. Die Stichprobe der Leitfadeninterviews umfasst meistens 10-20 Personen, wobei ein Interview ein bis zwei Stunden in Anspruch nehmen kann (Döring & Bortz, 2016, S. 372-373). Auch der Leitfaden kann sich hinsichtlich des Grades der Strukturiertheit unterscheiden, was überwiegend von der Forschungsfrage

4

und von der Erfahrung des Interviewers abhängt (Misoch, 2015, S. 66). Bezüglich des Fragenablaufs werden zuerst die biografischen Grundinformationen der Befragten erfasst, die wesentlichen Informationen zur Studie mit den Befragten geteilt sowie ein rechtliches Einverständnis eingeholt. Dieser Schritt wird auch Informationsphase genannt. In der Einstiegsphase wird dann mit offenen, stimulierenden Eingangsfragen das Interview eingeleitet, welche gesprächsgenerierend wirken sollen und eine entspannte Atmosphäre schaffen sollen. Darauffolgend werden dann in der Hauptphase deduktive wie induktive Fragen zum eigentlichen Untersuchungsgegenstand gestellt, wobei durch die Ergänzung detaillierterer Fragen das Forschungsthema anhand des Leitfadens immer weiter ausdifferenziert wird. In der Abschlussphase wird dann, durch einen sanften Ausstieg aus der Interviewsituation, das Interview beendet. Dabei sollten relative offene Frage gestellt werden, um mögliche Unklarheiten abzuklären und letzte relevante Informationen zu erfassen (Döring & Bortz, 2016, S. 372; Lüdders, 2017, S. 65; Misoch, 2015, S. 68). Wichtig ist es zuletzt die Einverständniserklärungen der Befragten, die Audioaufzeichnungen und das Postskriptum der Interviews angemessen der Datenschutzvorgaben zu archivieren und anschließend die Aufzeichnungen zusammen mit den soziodemografischen Daten und Interviewnotizen anonymisiert zu transkribieren (Döring & Bortz, 2016, S. 373).

1.1 Orientierungsbedürfnis nach Matthes (2005)

Das Orientierungsbedürfnis gilt als eines der am weitverbreitetsten Untersuchungsgegenstände als Einflussquelle im Agenda-Setting, also der Medien- und Gesprächszuwendung als Informationsquelle (Hoffmann, 2019, S. 149; Matthes, 2005, S. 1). „Das Konstrukt beschreibt die Tendenz eines Individuums, Informationen über ein Thema in den Medien zu rezipieren", wodurch das Orientierungsbedürfnis auch auf die Relevanzbeurteilung einwirkt (Hoffmann, 2919, S. 149). Da die ursprüngliche Messung des Orientierungsbedürfnisses anhand der Konstrukte „Relevanz" und „Unsicherheit" dieses nur indirekt erfassten, entwickelte Matthes (2005) eine Skala mit drei Subskalen bzw. Dimensionen, um das Orientierungsbedürfnis direkt zu Messen (Hoffmann, 2019, S. 150; Matthes, 2005, S. 4). Die drei Dimensionen umfassen das Orientierungsbedürfnis nach Themen, das Orientierungsbedürfnis nach Fakten und das Orientierungsbedürfnis nach Bewertung (Matthes, 2005, S. 1). Die Operationalisierung des Konstrukts Orientierungsbedürfnis soll im folgende tabellarisch dargestellt werden. Dabei werden jeder Dimension drei Indikatoren zugeschrieben.

Dimension	Indikator
Orientierungsbedürfnis nach Themen	• Grundsätzliches Informationsbedürfnis über neue Entwicklungen • Subjektive Wichtigkeit, aktuelle Themen regelmäßig zu verfolgen • Bedürfnis nach täglichen Informationen zu aktuellen Themen
Orientierungsbedürfnis nach Fakten	• Information über unterschiedliche Sichtweisen zu diesem Thema • Wunsch nach ausgiebigen Einzelheiten zum Thema • Erwartung nach detaillierten Hintergrundinformationen
Orientierungsbedürfnis nach Bewertung	• Individuelle Relevanz für Kommentare zu diesem Thema • Relevanz journalistischer Äußerungen zu diesem Thema • Ausführliche Darlegung der Meinung von Journalisten

Tabelle 1: Operationalisierung des Konstrukts Orientierungsbedürfnis nach Matthes (2005) (eigene Darstellung; in Anlehnung an: Matthes, 2005, S. 227)

1.2 Forschungsrahmen eines konzipierten Leitfadeninterviews zum Thema „Impfung gegen COVID-19"

Auf Grundlage der Operationalisierung des Orientierungsbedürfnis nach Matthes (2005) soll in dieser Einsendeaufgabe ein qualitativer Interviewleitfaden konzipiert werden, der das Orientierungsbedürfnis mit dem ausgewählten Thema der

COVID-19-Impfung in Beziehung setzt. Konkret soll sich das fiktive Interview mit der Frage beschäftigen, ob, wie und in welchem Ausmaß die Interviewteilnehmer sich mit der aktuellen Thematik der COVID-19-Impfung informieren und informiert fühlen. Da die Thematik dabei großflächige Teilaspekte umfasst, wie die Impfpolitik, die verschiedenen Impfstoffe und dessen Auswirkungen, soll der Fokus besonders auf der Impfpolitik in Deutschland liegen. Der Interviewleitfaden soll dabei zusätzlich zu drei Warm-Up-Fragen und 16 weitere offene Fragen beinhalten, wobei keine vorgegebenen Antwortalternativen vorgesehen sind. Da es sich um eine Studienarbeit handelt und durch die gegeben Corona-Situationen auf vielzählige Kontakte verzichtet werden soll, soll sich die Stichprobe ausschließlich auf zehn Teilnehmer beziehen. In der Durchführung soll sich die halbstrukturierte Befragungsstudie an acht Schritten nach Döring & Bortz (2016) orientieren:

1. Inhaltliche Vorbereitung: Während der inhaltlichen Vorbereitung soll das Befragungsthema sowie die Forschungsfragen festgelegt werden. Zudem soll eine Stichprobenauswahl getroffen werden und der Leitfaden konzipiert werden.

2. Organisatorische Vorbereitung: Die organisatorische Vorbereitung sollte zum einen die vorbereitende Schulung für die Interviewer umfassen, zum anderen sollen auf Basis des Stichprobenplans die Teilnehmer rekrutiert werden sowie eine Orts- und Terminvereinbarung getroffen werden.

3. Durchführung des Interviews: Die Durchführung des Interviews soll sich an den vier in Kapitel 1 beschrieben Schritten orientieren, die die Informationsphase, Einstiegsphase, Hauptphase und Abschlussphase umfassen.

4. Die Verabschiedung: Bei der Verabschiedung sollte den Teilnehmern Kontaktmöglichkeiten gegeben werden, falls rückblickend noch Fragen oder Informationen offen sind.

5. Gesprächsnotizen: Nach Abschluss des Interviews soll das Postskriptum angefertigt wird, um beispielsweise Beschreibungen des Interviewten und die Gesprächsatmosphäre festzuhalten.

6. Transkription: Bei der Transkription sollen die Audioaufzeichnungen vollständig vor der interpretativen Auswertung verschriftet werden. Dazu kann auf eine entsprechende Transkriptions-Software zurückgegriffen werden.

7. Analyse der Transkripte: In dieser Phase sollen die aufbereiteten Transkripte nach qualitativen Datenanalyseverfahren analysiert werden. Auch hier können entsprechende Software-Tools unterstützend Anwendung finden.

8. Archivierung des Materials: Bei der Archivierung des durch die Befragung gewonnen Materials müssen rechtlichen Datenschutzvorgaben streng eingehalten werden (Döring & Bortz, 2016, S. 365-369).

1.3 Erläuterung zum Interviewleitfaden

Im Folgenden sollen die Konzeption des entwickelten Interviewleitfadens anhand der Vorgehensweise und Fragenauswahl genauer erläutert werden.

Beginnend mit der Informationsphase werden zunächst die Teilnehmer begrüßt und über den Sachverhalt des bevorstehenden Interviews informiert. Zusätzlich werden die biografischen Grundinformationen der Teilnehmer und des Verfahrens, wie in Tabelle 2 dargestellt, sowie ein rechtliches Einverständnis eingeholt.

Formale Informationen des Teilnehmers

Name, Vorname	
Alter	
Geschlecht	
Ort	
Datum	

Tabelle 2: Formale Informationen (Auszug aus dem Interviewleitfaden)

In der Einführungsphase soll mit offenen und stimulierenden Eingangsphasen das Interview eröffnet werden. Wichtig dabei soll sein, gesprächsgenerierende Fragen zu stellen und eine entspannte Gesprächsatmosphäre zu schaffen. Dies soll durch einfache und offene Fragen „Wie geht es Ihnen heute?" und „Sind Sie gut angekommen?" ermöglicht werden. Mit einer ersten Einstiegsfrage („Für welche Themen interessieren Sie sich momentan besonders?") soll den Interviewten dann ermöglicht werden in einen Redefluss zu kommen, wobei ihnen eine sehr freie Antwortmöglichkeit zur Verfügung gestellt wird. Zusätzlich kann mit dieser Frage auf die Interessen des Befragten geschlossen werden, die sich beispielsweise eher auf private Aspekte beziehen oder bereits politische und gesellschaftliche Themen beinhalten.

Warm-Up Fragen
⇒ Wie geht es Ihnen heute?
⇒ Sind Sie gut angekommen?
⇒ Für welche Themen interessieren Sie sich momentan besonders?

Tabelle 3: Warm-Up-Fragen (Auszug aus dem Interviewleitfaden)

Konnte in der Einstiegsphase die gewünschte Interviewatmosphäre geschaffen werden, kann in den Hauptteil des Interviews übergegangen werden. Dabei werden die Fragen hinsichtlich ihrer Reihenfolge in drei Kategorien aufgeteilt, die sich auf die drei Dimensionen des Orientierungsbedürfnisses nach Matthes (2005) beziehen. Beginnend werden Fragen zur Dimension Orientierungsbedürfnis nach Themen gestellt. Dabei sollte zuerst nach dem Indikator „Grundsätzliches Informationsbedürfnis über neue Entwicklungen" das allgemeine politischen Interesse erfragt werden und dann immer spezifischer auf die zu untersuchenden Inhalte zugegangen werden, um die subjektive Wichtigkeit des Befragten über das aktuelle Thema zu erfassen. Dazu wird das allgemeine Interesse und der Wissensstand zur Impfthematik zu COVID-19 erfragt und dann spezifischer herausgestellt, welche genaueren Aspekte der Impfthematik für den befragten von Interesse sind. Zudem kann der Indikator „Bedürfnis nach täglichen Informationen zu aktuellen Themen" über Fragen zur Routine hinsichtlich der Informationsbeschaffung und Häufigkeit der Informationsbeschaffung ermittelt werden, wobei zuletzt präzise das zu interessierende Thema der Impfung gegen COVID-19 eingegangen wird.

Somit wird bei der Befragung zur ersten Dimension zusammenfassend, dass allgemeine politische Interesse, die spezifischeren Präferenzen zum Impfthema und die Routinen des Befragten zur Informationsbeschaffung herausgefiltert.

Orientierungsbedürfnis nach Themen

⇒ Interessieren Sie sich für Politik? Wenn ja, welche Themen sind Ihnen besonders wichtig?

⇒ Die Impfung gegen COVID-19 ist aktuell ein sehr präsentes Thema. Inwieweit interessieren Sie sich für die neusten Entwicklungen in der Impfpolitik?

⇒ Die ganze Welt redet über die verschiedenen Impfstoffe und Ihre Verteilung. Bei welchen Aspekten zum Impfthema ist es Ihnen besonders wichtig auf dem Laufenden zu sein?

⇒ Sind Sie über die Impfvorgänge in anderen Ländern, wie beispielsweise der USA informiert?

⇒ Über welche Wege informieren Sie sich über den aktuellen Stand der deutschen Impfpolitik?

⇒ Wie häufig informieren Sie sich über die für Sie relevanten Themen zur COVID-19-Impfung?

Tabelle 4: Orientierungsbedürfnis nach Themen (Auszug aus dem Interviewleitfaden)

Die Fragen zur zweiten Dimension Orientierungsbedürfnis nach Fakten sollen nun im engeren Verhältnis zum Untersuchungsthema stehen, um das Forschungsthema anhand des Leitfadens immer weiter auszudifferenzieren. Der Indikator „Informationen über unterschiedliche Sichtweisen zu diesem Thema" wird durch die Befragung hinsichtlich der verschiedenen Sichtweisen zur Thematik im Umfeld des Befragten sowie durch dessen Wertung verschiedene Perspektiven zu kennen abgedeckt. Auch die persönliche Einschätzung des Ausmaßes an Meinungsverschiedenheiten zur COVID-19-Impfung und dessen Hintergründe werden dabei miteinbezogen. Darauffolgend wird der das Bedürfnis nach Einzelheiten zu diesem Thema untersucht, indem zuerst ermittelt wird, inwieweit sich die Teilnehmer zur Impfthematik informieren bzw. wie detailreich. Mit der Zusatzfrage, warum sich die Teilnehmer in diesem genannten Ausmaß über die COVID-19-Impfung informieren, können persönliche Hintergründe und Begründungen für den Wunsch nach ausgiebigen Einzelheiten zum Thema erfasst werden. Zuletzt steht der Indikator „Erwartung nach detaillierten Hintergrundinformationen" im Fokus, welcher mittels der persönlichen Einschätzung erfragt wird, inwieweit die

Erwartungen der Teilnehmer nach Informationen zur Impfthematik erfüllt werden. Durch die Ergänzung, ob bestimmte informative Aspekte zu diesem Thema fehlen oder zu geringfügig auftauchen, können neue inhaltliche Aspekte ermittelt werden, die nicht angesprochen würden, wenn der Fokus ausschließlich auf den für die Befragten vorhandenen Informationen über die Impfthematik liegt.

Zusammenfassend werden in diesem Fragenabschnitt die Hauptfragen, ob, wie und in welchem Ausmaß sich die Interviewteilnehmer informieren und informiert fühlen, wobei besonders berücksichtigt wird, inwiefern sich die Befragten mit den verschiedenen Perspektiven des Impfthemas befassen. Spezifisch die Frage „Inwieweit fühlen Sie sich ausreichend informiert über die COVID-19-Impfung und die Impfpolitik? Fehlen Ihnen bestimmte informative Aspekte zu diesem Thema?" gibt Aufschluss über das Ausmaß der Befriedigung des Orientierungsbedürfnis nach Fakten.

Orientierungsbedürfnis nach Fakten
⇒ Die COVID-19-Impfung ist hinsichtlich der verschiedenen Impfstoffe und dessen Verteilung sowie der Impfbürokratie ein kontrovers diskutiertes Thema. Welche unterschiedlichen Sichtweisen werden dazu in Ihrem Umfeld diskutiert?
⇒ Wie wichtig es ist Ihnen verschiedene Perspektiven zu diesen Themen zu betrachten?
⇒ Wieso glauben Sie, dass das Impfthema in Deutschland so umstritten ist?
⇒ Wie detailliert informieren Sie sich zu der Impfpolitik? Warum informieren Sie sich in diesem Ausmaß?
⇒ Inwieweit fühlen Sie sich ausreichend informiert über die COVID-19-Impfung und die Impfpolitik? Fehlen Ihnen bestimmte informative Aspekte zu diesem Thema?

Tabelle 5: Orientierungsbedürfnis nach Fakten (Auszug aus dem Interviewleitfaden)

Die letzte Dimension untersucht das Orientierungsbedürfnis nach Bewertung. Dazu wird zunächst die „individuelle Relevanz für Kommentare zu diesem Thema" untersucht, indem erfragt wird, wieviel Wert die Teilnehmer darauf legen persönlich Stellung beziehen zu können bzw. eine eigene Meinung zu vertreten. Zudem wird ermittelt welche Faktoren auf die persönliche Haltung des Befragten einwirken. Darauffolgend wird der Fokus auf die Rolle der Medien für die Teilnehmer gerichtet, indem Fragen zur „Relevanz journalistischer Äußerungen zu diesem Thema" gestellt werden. Hierbei wird erst das allgemeine Vertrauensverhältnis des Befragten zu journalistischen Äußerungen erfragt, um den Stellenwert der Medien für die Befragten herauszustellen. Durch die Frage „Wie relevant sind journalistische Äußerungen zur Impfthematik für ihre eigene Meinungsbildung?" wird die zu interessierende Relevanz der Medien in Bezug auf die Impfthematik konkretisiert. Die letzte Frage „Gibt es ausführliche Darlegung der Meinung bestimmter Politiker oder Journalisten mit denen sie konkret übereinstimmen?" gibt dann abschließend Aufschluss darüber, ob sich die Befragten, wenn sie die Medien in ihrer Meinungsbildung miteinbeziehen, mit spezifischen journalistischen oder politischen Äußerungen besonders identifizieren. Dadurch können Rückschlüsse über politische Orientierungen und Einflussfaktoren auf die eigene Meinung der Befragten zu Impfthematik gezogen werden.

Zusammenfassend können durch die Fragen zu dieser Dimension Abschätzungen hinsichtlich der eigenen Meinung der Befragten zur Impfthematik getroffen werden sowie die Einflüsse auf diese Meinung ermittelt werden. Zusätzlich können durch die Frage nach der Vertrauensbasis zu den Medien mögliche Motive der Befragten zu ihrer Einstellung zu journalistische Aussagen herausgestellt werden. Diese entwickelte Einstellung kann daher auch in der Meinungsbildung zur COVID-19-Impfung einen bedeutsamen Einfluss nehmen. Aus den generierten Informationen soll zuletzt ein Einblick darüber geben, wie sehr das Orientierungsbedürfnis nach Bewertung der Teilnehmer ausgeprägt ist.

⇒ Wie wichtig ist es für Sie bezüglich der Impfpolitik eine klare Stellung beziehen zu können?

⇒ Wessen Meinung ist für Sie besonders relevant, wenn Sie die aktuelle Impfpolitik bewerten wollen?

⇒ Für wie vertrauenswürdig erachten Sie journalistische Äußerungen zur Impfthematik?

⇒ Wie relevant sind journalistische Äußerungen zur Impfthematik für ihre eigene Meinungsbildung?

⇒ Gibt es ausführliche Darlegung der Meinung bestimmter Politiker oder Journalisten mit denen sie konkret übereinstimmen?

Tabelle 6: Orientierungsbedürfnis nach Bewertung (Auszug aus dem Interviewleitfaden)

In der Abschlussphase des Interviews, soll ein sanfter Ausstieg aus der Interviewsituation gegeben werden. Durch letzte offene Fragen, ob noch Fragen auf Seiten des Teilnehmers bestehen und ob die Teilnehmer noch letzte Aussagen treffen wollen, soll ermöglicht werden möglicherweise relevante Ergänzungen vom Befragten zu erhalten, die im Interview untergegangen sein könnten oder keinen Platz gefunden haben.

Aufgabe 2

2. Die qualitative Beobachtung

Die wissenschaftliche Beobachtung ist eine Methode zur empirischen Datener-hebung, die nach Schlesier, Wagner & Moschner (2019) unverzichtbar ist, „da empirische Methoden definitionsgemäß auf Sinneserfahrungen (Wahrnehmun-gen, Beobachtungen) beruhen." (S. 280). Es kann das alltägliche, unsystemati-sche Beobachten von der wissenschaftlich systematischen Beobachtung unter-schieden werden, welche Phänomene und Verhalten situationsspezifisch durch zielgerichtete Wahrnehmung und anhand eines Beobachtungsschemas erfasst. Betrachtet man die Beobachtung als Methode genauer, lassen sich hinsichtlich des Grads der Systematisierung die qualitative und die quantitative Beobachtung differenzieren, wobei in dieser Einsendeaufgabe besonders die qualitative Be-obachtung beleuchtet werde soll (Schlesier, Wagner & Moschner, 2019, S. 280-281). Bei der qualitativen Beobachtung handelt es sich um ein offenes, nicht-strukturiertes Vorgehen, bei welchem verbale, visuelle oder audiovisuelle Daten erhoben werden, um Phänomene möglichst detailreich zu erfassen (Döring & Bortz, 2016, S. 332-333). Es werden die wahrgenommenen Geschehnisse doku-mentiert und interpretiert „ohne den kognitiven Umweg der Verbalisierung durch die handelnde Person." (Ruso, 2007, S. 527). Dabei sind meist offene Fragestel-lungen zentral, wobei größere Einheiten des Verhaltens erfasst werden sollen, wodurch die Entdeckung neuer Forschungsaspekte im Forschungsprozess er-möglicht wird (Schlesier et al., 2019, S. 281). Damit hat die qualitative Beobach-tung einen explorativen Charakter und beschreibt insgesamt die drei Ebenen Do-kumentation, Interpretation und Exploration (Ruso, 2007, S. 527-528). Da die qualitative Beobachtung überwiegend im natürlichen Lebensraum der For-schungsteilnehmer durchgeführt wird, ist die Feldbeobachtung eine der wichtigs-ten Beobachtungsform für den qualitativen Forschungsansatz (Schlesier et al., 2019, S. 281).

2.1 Einsatzfelder der qualitativen Beobachtung

In der sozialwissenschaftlichen und psychologischen Forschung findet die quali-tative Beobachtung als Erhebungsmethode vielfältige Anwendungsgebiete. Sie eignet sich besonders dann, „liegt das Augenmerk auf den sozialen Interaktionen zwischen Handelnden in ihrer jeweiligen Lebenswelt, die hinsichtlich ihrer Muster und Bedeutungen rekonstruiert werden soll." (Döring & Bortz, 2016, S. 333). Solche zwischenmenschlichen Interkationen im Feld sind beispielsweise im Interesse der Mikrosoziologie, Sozialpsychologie, Arbeits- und Organisationspsychologie, Geschlechterforschung, Erziehungswissenschaft und Pflegeforschung (Döring & Bortz, 2016, S. 333). Besonders vorteilhaft ist die qualitative Beobachtung für die qualitative Kindheitsforschung. Dies steht mit dem Aspekt in Beziehung, dass mittels der Beobachtung als Erhebungsmethode die sprachliche Barriere aufgelöst wird, die oftmals in der Forschung mit Kleinkindern und Kindern besteht. So kann ein Zugang zur kindlichen Perspektive geschaffen werden, welche die sprachliche Hürde umgeht (Mey & Schwentesius, 2019, S. 16-17; Schlesier et al., 2019, S. 282). Gleiches gilt für die Forschung mit vulnerabeln Gruppen, die mithilfe der qualitativen Beobachtung mehr Beachtung und Verständnis erfahren. Auch hier wird versucht die verbale Ebene zu umgehen, da die Forschungsteilnehmer oftmals Angst vor der „Entlarvung" und ihren Konsequenzen haben, wodurch sich Forschungsergebnisse beispielsweise aufgrund Antworttendenzen hinsichtlich sozialer Erwünschtheit verzerrt werden könnten. Ein Beispiel dafür wäre eine Forschung zum Drogenkonsum, in welcher Drogenkonsumenten als Forschungsteilnehmer aufgrund von Scham oder Angst vor rechtlichen Konsequenzen schwer zu Befragen wären (Kiegelmann, 2020, S. 231). Zuletzt findet die qualitative Beobachtung ihr Anwendung auch in der Marktforschung, indem beispielsweise das Konsumveralten von Kunden in Beziehung zum Produkt, Werbebotschaften, Kundenkontakt oder der Verkaufsraumgestaltung beobachtet und interpretiert wird. Daher ist sie von großer Bedeutung für Forschungen im Bereich des Marketings (Ruso, 2007, S. 530).

2.2 Formen der qualitativen Beobachtung

Wie in Kapitel 2 bereits erwähnt lassen sich verschiedene Beobachtungsformen differenzieren sich zu unter anderem hinsichtlich ihres Grades der Strukturierung unterscheiden (Schlesier, Wagner & Moschner, 2019, S. 280-281). Döring und Bortz (2016) nenne zusätzlich zum Strukturierungsgrad der Beobachtung noch fünf weitere Kriterien nach denen sich spezifisch qualitative Beobachtungsformen klassifizieren lassen. Diese weiteren Dimensionen zur Klassifikation beziehen sich auf den Gegenstand der Beobachtung, die Direktheit der Beobachtung, den Ort der Beobachtung, den Involviertheitsgrad der Beobachterrolle und die Transparenz der Beobachtung (S.333). Im Folgenden sollen beispielhaft drei Beobachtungsformen kurz vorgestellt werden, die in der qualitativen Forschung häufig Anwendung finden.

Die qualitative Beobachtung mit geringen Komplexitätsgrad

Bei der qualitativen Beobachtung mit geringen Komplexitätsgrad handelt es sich um eine teilstrukturierte Beobachtung des Verhaltens und Handelns anderer Personen, also eine Fremdbeobachtung. Es wird sich dabei auf bereits zuvor bestimmte Ausschnitte bzw. Aspekte eines Sachverhaltskonzentrier, welche in eigenen Worten in einem Beobachtungsprotokoll festgehalten werden. Diese Beobachtungsform findet vorwiegend als teilnehmende Fremdbeobachtung im Feld statt (Döring & Bortz, 2016, S. 334).

Die ethnografische Feldbeobachtung

Die ethnografische Feldbeobachtung stellt eine nicht-strukturierte Beobachtung der sozialen Verhaltensweisen andere im Feld dar, die dadurch geprägt ist, dass sich der Beobachter für längere Zeitperioden als teilnehmender Beobachter im Untersuchungsfeld aufhält. Der Beobachter erfasst komplexe Beobachtungseinheiten und Zusammenhänge und dokumentiert diese mithilfe von Feldnotizen (Döring & Bortz, 2016, S. 334). Diese Form der Beobachtung eignet sich besonders für die Untersuchung komplexer und noch unerforschter Phänomene (Mey & Schwentesius, 2019, S. 20).

Die Autoethnografie

Die Autoethnografie ist eine Form der ethnografischen Feldbeobachtung, bei welcher der Beobachter als vollständiger Teilnehmer im Feld, Daten auf Basis der Selbstbeobachtung und -reflexion erhebt (Döring & Bortz, 2016, S. 341). Dieser Forschungsansatz beruht folglich auf der Beschreibung und Analyse persönlicher Erfahrungen und verfolgt unter anderem das Ziel soziokulturelle Erfahrungen zu verstehen (Adams, Ellis, Bochner, Ploder & Stadblauer, 2020, S 472). Ihre Anwendung findet die Autoethnografie beispielsweise bei der Untersuchung menschlicher Ausnahme- und Extremsituation, wie Trennung, Tod eines Angehörigen oder Krankheit (Döring & Bortz, 2016, S. 341).

2.3 Vor- und Nachteile der qualitativen Beobachtung

Die qualitative Beobachtung bringt vielfältige Vorteile mit sich und eignet sich besonders dann, wenn soziale Interkationen im Feld von wissenschaftlichem Interesse sind (Döring & Bortz, 2016, S. 333). Dabei wird spezifisch ein Zugang zur Erforschung unbewusste Verhaltensweisen geschaffen, wobei auch Mimik, Gestik und ähnliches in die Deutung der beobachteten Handlung miteinbezogen werden können. Des Weiteren können mittels der qualitativen Beobachtung Störfaktoren wie Intervieweinflüsse oder fehlerhafte Erinnerungsleistung verhindert werden, da sie zeitgleich mit dem Geschehen erfolgt. Ein weiterer Vorteil zeigt sich in der Umgehung der Verbalen Auskunft und Sprachbarriere, wodurch die qualitative Beobachtung eine imense Bedeutung in der Forschung mit Kindern zugeschrieben bekommt sowie bei Untersuchungsgegenständen, die einer starken sozialen Norm unterliegen. Auch hier lässt sich das Beispiel der Forschung über Drogenkonsum anwenden, welches in Kapitel 2.1 erläutert wurde (Häder, 2015, S. 309). Zuletzt ist auch die Eignung der qualitativen Beobachtung zur Erforschung neu Forschungsaspekte zu erkennen und induktiv abzubilden als bedeutsamer Vorteil zu nennen. So können mittels dieser Erhebungsmethode neuartige Phänomene systematisch untersucht werden, ohne dass explizites Vorwissen zum Untersuchungsgegenstand notwendig ist (Häder, 2015, S. 309; Ruso, 2007, S. 529). Daher ermöglicht die qualitative Beobachtung eine umfassende Dokumentation von Phänomenen und begünstigt die Generierung von Hypothesen und Theorien (Ruso, 2007, S, 529). Diesen Vorteilen sind aber auch nennenswerte Nachteile entgegenzusetzen, welche in der Forschung Berücksichtigung finden müssen. Häder (2015) identifiziert für das wissenschaftliche Beobachten als Erhebungsmethode zwei hauptsächliche Probleme, die sich auf die Gefahr der selektiven Wahrnehmung und der subjektiven Interpretation beziehen (S. 307-308). Das Problem der selektiven Wahrnehmung äußert sich in der Tatsache, dass es prinzipiell unmöglich ist einen Sachverhalt durch Beobachtung in seiner Gesamtheit zu erfassen (Häder, 2015, S. 307). Eine solche Gefahr der nicht-kontrollierbaren Informationsselektion besteht vor allem dann, wenn Beobachter*innen ohne vorstrukturierte Kategorien arbeiten müssen, beispielsweise, wenn der Forschungsgegenstand noch weitesgehend unbekannt ist

(Ruso, 2007, S. 529). Das Problem der subjektiven Interpretation ergibt sich aus Beeinflussungen der Beobachter*innen in der Interpretation aufgrund kultureller Hintergründe, Milieuunterschiede oder mehrdeutigen Symbolsystemen. So kann beispielsweise ein Kopfnicken in Deutschland als Zustimmung interpretiert werden, während diese Geste in Bulgarien eine gegenteilige Bedeutung trägt (Häder, 2015, S. 308). Hinzukommend zu den beiden genannten Gefahren können auch vielfältige Hindernisse durch Fehleranfälligkeit entstehen. Unterschieden werden Fehler durch die Beobachtungssituation, zum Beispiel durch Reaktivität der Beobachtersituation oder Fehler in der praktischen Durchführung der Beobachtung und Fehler durch die Person des Beobachters, wie beispielsweise Wahrnehmungs-, Urteils-, Interpretations- oder Wiedergabefehler. Um solchen Nachteilen entgegenzuwirken sollte bei der qualitativen Beobachtung besonders darauf geachtet werden, dass geeignete und wenn möglich erfahrene Beobachter*innen eingesetzt werden und wenn notwendig Beobachterschulungen durchgeführt werden. Zudem sollten bei umfassenden Studien regelmäßig Zwischenüberprüfungen durchgeführt werden, um die Qualität der Forschungsarbeit zu sichern (Döring & Bortz, 2016, S. 331-332).

2.4 Inhalt eines Beobachtungsbogen

Zur Dokumentation der Erhobenen Daten durch die qualitative Beobachtung, können die Beobachter auf verschiedene Dokumentationsmethoden wie Feldnotizen oder Beobachtungsprotokolls zurückgreifen (Döring & Bortz, 2016, S. 334). Bei der standardisierten Beobachtung kann dabei ein Beobachtungsleitfaden entwickelt werden, anhand welchem die beobachteten Sachverhalte und Handlungen entsprechend bestimmter Anweisungen klassifiziert werden können. Dieser Leitfaden kann verschiedene Kriterien und Anweisungen enthalten, wie beispielsweise bestimmte Zeichensysteme für bestimmte Verhaltensweisen, bestimmte Reihenfolgen, in der spezifische Aspekte beobachtet werden sollen oder Bewertungsmöglichkeiten zur Intensität bestimmter Verhaltensweisen. Zudem werden spezifische Merkmale in Operationalisierter Form dargelegt, damit beobachtete Handlungen in Kategoriensysteme eingeordnet werden können (Häder, 2015, S. 317). Solche Beobachtungseitfäden werden unter anderem eingesetzt, um die

Objektivität und persönliche Distanz in der Interpretation zu gewährleisten (Ruso, 2007, S. 529).

Aufgabe 3

3. Definition der qualitativen Fallauswahl und Abgrenzung zur repräsentativen Stichprobenverfahren

Im Rahmen der Planung und Durchführung einer wissenschaftlichen Forschung wird der Fallauswahl und dem Fallauswahlverfahren in Abhängigkeit zur Forschungsfrage eine bedeutende Rolle zugesprochen (Häder, 2015, S. 139). In dieser Einsendeaufgabe soll der Fokus auf der qualitativen Fallauswahl liegen. Bei dieser wird versucht eine differenzierte interpretative Rekonstruktion für die einzelnen Fälle zu ermöglichen, wodurch aus forschungsökonomischen Gründen auf kleinere Stichproben zurückgegriffen werden muss (Döring & Bortz, 2016, S. 302). Während bei der quantitativen Fallauswahl die statistische und globale Repräsentativität eine wichtige Rolle spielen, um durch die Ergebnisse der Stichprobe auf die Grundgesamtheit schließen zu können, wird mit der qualitativen Stichprobenerhebung eine qualitative Repräsentativität angestrebt, sodass der Erkenntnisgewinn in Beziehung zur Fragestellung möglichst hoch ist. (Döring & Bortz, 2016, S. 299; Krüger, 2000, S. 332; Schreier, 2020, S. 22-24). Daher wird bei der quantitativen Fallauswahl auf probabilistische Verfahren (Zufallsstichprobe) bei der Stichprobenbeziehung zurückgegriffen, damit eine hohe statistische und globale Repräsentativität begünstigt wird (Schreier, 2020, S. 22). Dies ist vor allem möglich, da quantitative Studien vorwiegend mit umfangreichen Stichproben arbeiten, die meist über dreistelligen Bereich liegen (Döring & Bortz, 2016, S. 305). Bei der qualitativen Fallauswahl hätte das Auswahlverfahren auf Basis des Zufallsprinzips aufgrund der kleinen Stichprobengröße eine gegenteilige Auswirkung und würde die Aussagekraft der Stichprobe verringern (Döring & Bortz, 2016, S. 302). Da im qualitativen Forschungsansatz auf eine möglichst umfang- und facettenreiche Erfassung des Gegenstandsbereich abgezielt wird, wir stattdessen die sogenannte bewusste bzw. absichtsvolle Auswahl von Fällen oder auch Auswahl informationshaltiger Fälle angewandt (Döring & Bortz, 2016, S. 302; Liebig & Matiaske, 2016, S. 269; Schreier, 2010, S. 24). Bei diesem Verfahren „wird die Stichprobe gezielt nach bestimmten Kriterien aus der Grundgesamtheit ausgewählt." (Hussy, Schreier, Echterhoff, 2010, S. 188). Es handelt sich um nonprobabilistische Vorgehensweise, die das Ziel verfolgt detaillierte Beschreibungen der Fälle zu generieren und bei der mit zwei verschiedenen

Strategien vorgegangen werden kann. Während sich bei der Bottom-up-Strategie (flexible Art der Fallauswahl) die relevanten Kriterien im Verlauf der Untersuchung ergeben, werden bei der Top-down-Strategie (fixe Art der Fallauswahl) diese Kriterien bereits vor dem Untersuchungsbeginn festgelegt (Hussy, Schreier, Echterhoff, 2010, S. 188; Schreier, 2020, S. 28). Zudem ist auch die Kombination der beiden Verfahren möglich, wobei die Fallauswahl zunächst auf ausgewählten Kriterien beruht und im späteren Untersuchungsverlauf, durch auftreten neuer relevanter Kriterien, erweitert wird. Zu den flexiblen Arten der Fallauswahl gehört unter anderem die theoretische Stichprobenbeziehung. Als fixen Arten der Fallauswahl können die Fallauswahl gemäß einem qualitativen Stichprobenplan oder die Auswahl bestimmter Falltypen genannt werden. Zusätzlich kann bei der qualitativen Fallauswahl zwischen homogenen und heterogenen Stichproben differenziert werden. Homogene Stichproben bestehen aus gleichartigen Fällen, die sich spezifisch dazu eigenen Phänomene detailliert zu Untersuchen und zu beschreiben. Heterogene Stichproben eigenen sich hingegen eher, um Theorien zu generieren und die Variabilität eines Phänomens hervorzuheben, da sie sich aus unterschiedlichen Fällen zusammensetzen (Schreier, 2020, S. 28-29). Schreier (2010) fügt dabei hinzu „Was allerdings unter einem informationshaltigen Fall zu verstehen ist, an welchen Kriterien sich die absichtsvolle Stichprobenbeziehung orientiert und welches Verfahren konkret zum Einsatz kommen sollte, hängt jeweils von der Fragestellung und der Zielsetzung der Untersuchung ab." (S. 24)

In der qualitativen Fallauswahl haben sich besonders drei Sampling-Verfahren etabliert, die im folgenden Kapitel einzeln vorgestellt werden sollen (Döring & Bortz, 2016, S. 302).

3.1 Verfahren der qualitativen Fallauswahl

In der qualitativen Forschung konnten sich besonders drei Verfahren der absichtsvollen Fallauswahl etablieren. Diese sind die theoretische Stichprobe, die Fallauswahl gemäß einem qualitativen Stichprobenplan und die gezielte Auswahl bestimmter Arten von Fällen (Döring & Bortz, 2016, S. 302). Alle drei Verfahren und ihre jeweiligen Anwendungsgebiete sollen im folgenden Kapitel (beispielhaft) vorgestellt werden

3.1.1 Der theoretische Stichprobe

Das Verfahren der theoretischen Stichprobebeziehung, auch „theoretical sampling" genannt, wurde (1967) im Rahmen der Grounded-Theory-Methodologie von den Soziologen Barney Glaser und Anslem Strauss entwickelt und stellt eine ergebnisoffene Fallauswahl dar, bei der eine theoretische Stichprobe („theoretical sample") gebildet wird (Döring & Bortz, 2016, S. 302; Schreier, 2020, S. 29). Bei der Grounded-Theory-Methodologie handelt es sich dabei um einen „umfassenden qualitativen Forschungsansatz, der auf eine gegenstandsverankerte Theoriebildung hinausläuft." (Döring & Bortz, 2016, S. 302). Das Auswahlverfahren ist dadurch gekennzeichnet, dass die Fallauswahl gezielt so gelenkt wird, dass der Erkenntnisgewinn systematisch erweitert wird. Dazu werden zu Beginn nur zu wenigen Untersuchungseinheiten Daten erhoben und ausgewertet (Häder, 2015, S. 177). Auf Basis dieser ersten Erkenntnisse wird in den folgenden Schritten entschieden, welche weiteren Fälle relevant sind und in das Sampel aufgenommen werden sollen. In diesem kriteriengeleiteten Auswahlprozess werden minimale und maximale Kontrastierungen gewählt, um den jeweiligen Aussagegehalt zu prüfen (Mey & Mruck, 2020, S. 522). Somit verläuft die Stichprobenauswahl, Datenerhebung und Analyse mehrfach zirkulär und die Stichprobenbeziehung gilt erst dann als abgeschlossen, wenn aufgrund der bis dahin gewonnen Erkenntnisse davon ausgegangen werden kann, dass neue Fälle keinen weiteren relevanten Informationsgehalt für die Theorienbildung mit sich bringen. Dieser Ausgangspunkt wird auch theoretische Sättigung genannt. Folglich findet die theoretische Stichprobe besonders dann Anwendung, wenn Hypothesen entwickelt werden sollen (Döring & Bortz, 2016, S. 302). In der Praxis ist der Zustand der theoretischen Sättigung aber eher selten zu erreichen, da dieser eine umfangreiche Stichproben erfordern würde, die aus forschungsökonomischen Gründen nicht generiert werden kann (Schreier, 2020, S. 30). Daher müssen viele Studien bereits vorzeitig abgebrochen werden, wodurch sich die theoriebildende Aussagekraft reduziert (Döring & Bortz, 2016, S. 302). Döring & Bortz (2016) fügen dabei hinzu „Für eine wissenschaftlich überzeugende Theoretische Stichprobenbildung ist es deswegen notwendig, die im Laufe des Forschungsprozesses erarbeiteten Auswahlkriterien für die jeweils nächsten Fälle inhaltlich zu begründen und insbesondere das Erreichen theoretischer Sättigung nach- vollziehbar zu erläutern." (S. 303)

3.1.2 Der qualitative Stichprobenplan

Stichproben gemäß eines qualitativem Stichprobenplans arbeiten mit einem vor Untersuchungsbeginn festgelegten qualitativen Stichprobenplan, der auch „qualitative sampling plan" genannt wird. Die Fallauswahl ist dabei auf den Informationsgehalt der Fälle ausgerichtet, wobei möglichst alle für die Fragestellung relevanten Merkmale und Merkmalskombinationen in das Sample mit aufgenommen werden sollten (Döring & Bortz, 2016, S. 303). Wie auch bei der theoretischen Stichprobe wird das Prinzip der maximalen Kontrastierung angewandt, wobei aber ausschließlich die Heterogenität der Stichprobe angestrebt wird, damit eine hohe Variabilität im Gegenstandbereich vorliegt. Das Fallauswahlerfahren mittels qualitativen Stichprobeplans beruht also auf vorab festgelegten Kriterien (Schreier, 2020, S. 30-31). Der Verlauf des Verfahrens kann Schrittartig beschrieben werden. Dabei werden im ersten Schritt, vor Untersuchungsbeginn, solche Faktoren festgelegt, die dem zu untersuchenden Forschungsgegenstand in Beziehung stehen und Aufschluss über die Unterschiedlichkeit in einem Phänomenbereich geben (Schreier, 2020, S. 30). So orientiert sich der Stichprobenplan einer Personenstichprobe meistens an soziodemografischen Kriterien wie beispielsweise Alter, Geschlecht, Beruf, etc., wobei gewöhnlich drei Merkmale Berücksichtigung finden (Döring & Bortz, 2016, S. 303). Im drauffolgenden Schritt werden Ausprägungen der bestimmten Kriterien ausgewählt, die im Stichprobenplan herangezogen werden sollen (Schreier, 2020, S. 31). Aus den gewählten Kriterien und dessen Ausprägungen ergibt sich im dritten Schritt eine Kreuztabelle mit einer recht hohen Zellenanzahl. Dazu wird zuletzt im vierten Schritt ausgesucht, wie viele Fälle pro Zelle besetzt werden. Pro Zelle werden häufig ein bis drei Fälle untersucht (Döring & Bortz, 2016, S. 303; Schreier, 2020, S. 31).

Qualitative Stichproben Pläne eigenen sich besonders als Fallauswahlverfahren, wenn ein hinreichendes Vorwissen bezüglich des Untersuchungsgegenstandes existiert, wodurch die eine fundierte Identifikation der relevanten Merkmale vor Untersuchungsbeginn vorgenommen werden kann (Liebig & Matiaske, 2016, S. 270; Schreier, 2020, S. 31). Auch hier ist es möglich aufgrund neuer relevanter Untersuchungsfaktoren, die sich erst im Untersuchungsverlauf ergeben, den Stichprobenplan noch zu modifizieren (Schreier, 2020, S. 31).

3.1.3 Auswahl bestimmter Arten von Fällen

Bei der gezielten Auswahl bestimmter Arten von Fällen handelt es sich um einen Sammelbegriff, bei welchem Fragestellungen untersucht werden sollen, die sich auf spezifische Zielgruppen beziehen (Döring & Bortz, 2016, S. 304; Schreier, 2020, S. 32). Darunter kann die Auswahl typischer, kritischer, abweichender, extremer und andere Fälle unterschieden werden (Schreier, 2020, S. 32). Während bei der Auswahl typischer Fälle besonders charakteristische Fälle in Bezug auf die Grundgesamtheit rekrutiert werden sollen, weisen abweichende Fälle besonders ungewöhnliche Ausprägung hinsichtlich des zu untersuchenden Phänomens auf. Intensive Fälle zeigen eine starke Ausprägung und extreme Fälle eine sehr starke oder schwache Ausprägung des betrachteten Phänomens. Bei kritischen Fällen handelt es sich um besonders einschlägige Fälle hinsichtlich zur Fragestellung und eignen sich im Besonderen zur Testung von Hypothesen (Häder, 2015, S. 177; Hussy, Schreier, Echterhoff, 2013, S. 197-198; Schreier, 2020, S. 33). Zusätzlich können zwei Varianten gezielter Stichproben unterscheiden werden, die homogene und heterogene gezielte Stichprobe genannt werden. Die homogene gezielte Stichprobe stellt ein relativ kleines Sample dar, welches über wenige Rekrutierungswege zusammengestellt wird (Döring & Bortz, 2016, S. 304). Die Auswahlkriterien sind dabei abhängig vom jeweiligen Untersuchungsgegenstand und sind so eng gefasst, dass nur wenige Fälle für die Aufnahme in das Sample geeignet sind (Schreier, 2020, S. 32). Bei der heterogenen gezielten Stichprobe wird dagegen ein vergleichsweise großes Sample über verschiedene Rekrutierungswege angesprochen und zusammengestellt. Die Fälle ähneln sich dann hinsichtlich des interessierenden Merkmals, die weitere interne Heterogenität der Fälle ist jedoch zunächst unbekannt (Döring & Bortz, 2016, S. 304-305). Die Auswahl bestimmter Arten von Fällen „hat vor allem in der Klinischen Psychologie im weiteren und in der Psychotherapieforschung im engeren Sinn mit ihrem Interesse am „abweichenden Fall" eine lange Tradition." (Schreier, 2020, S. 32)

Anhang 1

Leitfadeninterview „Impfung gegen COVID-19"

Begrüßung der Teilnehmer

Sehr geehrte Damen und Herren,

Ich hoffe Sie hatten eine angenehme Anreise. Zunächst möchte ich mich herzlich für Ihre Zeit und Teilnahme an diesem Interview bedanken.

Im Rahmen meiner Studienarbeit zum Modul „Wissenschaftliches Arbeiten Vertiefung I" wurde mir die Möglichkeit geboten eine qualitative Forschung in Form eines halbstrukturierten Interviews zu entwickeln und durchzuführen. Thema des heutigen Interviews wird das Konstrukt Orientierungsbedürfnis in Bezug zur aktuellen Impfsituation gegen COVID-19 sein. Die Impfpolitik, die Differenzierung der verschiedenen Impfstoffe und ihrer Auswirkungen sowie viele weitere Aspekte bezüglich der Impfung gegen COVID-19 sind aktuell ein weitverbreitetes gesellschaftliches und mediales Thema, bei welchem viele verschiedene Meinungen aufeinanderstoßen. Daher bitte ich Sie die gestellten Fragen möglichst offen und ehrlich zu beantworten und möchte Sie erinnern, dass hier keine Antworten als richtig oder falsch bewertet werden. Zudem werden alle Daten anonymisiert und vertraulich archiviert. Sollten Sie dennoch Zweifel oder Unwohlsein verspüren oder weitere Fragen haben dürfen Sie gerne auf mich zukommen.

Ich möchte heute erforschen ob, wie und in welchem Ausmaß Sie sich zu den aktuellen Themen bezüglich der COVID-19-Impfungen informieren und informiert fühlen, wobei der Fokus besonders auf der Impfpolitik in Deutschland liegen soll. Dazu werde ich Ihnen einige offene Fragen zur Thematik stellen. Sie dürfen sich in Ihrer Ausführung gerne Zeit lassen und möglichst alles darlegen, was Ihnen relevant erscheint. Insgesamt wird das Interview ca. 45 Minuten in Anspruch nehmen. Ich würde dabei gerne die Interviews für die spätere Auswertung mittels eines Aufnahmegeräts aufnehmen, damit ich mich während der Befragung auf unser Gespräch konzentrieren kann. Dazu würde ich Sie jetzt zu Beginn bitten, die folgende Einverständniserklärung zu Unterzeichnen. Ich möchte erneut betonen, dass jegliche Daten selbstverständlich anonymisiert und vertraulich behandelt werden.

Vielen Dank!

Formaler Teil

Einverständniserklärung

Hiermit bestätige ich (Vor- und Nachname) _____, dass ich mit der Audioaufzeichnung des Interviews am (Datum)_____, geführt von Frau Wellen, einverstanden bin. Das Daten werden ausschließlich im Rahmen des Forschungsprojektes und in anonymisierter Form verwendet.

Die datenschutzrechtlichen Vorgaben werden strikt eingehalten und die Aufzeichnungen werden am Ende der Projektlaufzeit gelöscht.

_____   _____

Ort, Datum   Unterschrift des Interviewten

Formale Informationen des Teilnehmers

Name, Vorname	
Alter	
Geschlecht	
Ort	
Datum	

Hauptteil

⇒ Wie geht es Ihnen heute?

⇒ Sind Sie gut angekommen?

⇒ Für welche Themen interessieren Sie sich momentan besonders?

Orientierungsbedürfnis nach Themen

⇒ Interessieren Sie sich für Politik? Wenn ja, welche Themen sind Ihnen besonders wichtig?

⇒ Die Impfung gegen COVID-19 ist aktuell ein sehr präsentes Thema. Inwieweit interessieren Sie sich für die neusten Entwicklungen in der Impfpolitik?

⇒ Die ganze Welt redet über die verschiedenen Impfstoffe und Ihre Verteilung. Bei welchen Aspekten zum Impfthema ist es Ihnen besonders wichtig auf dem Laufenden zu sein?

⇒ Sind Sie über die Impfvorgänge in anderen Ländern, wie beispielsweise der USA informiert?

⇒ Über welche Wege informieren Sie sich über den aktuellen Stand der deutschen Impfpolitik?

⇒ Wie häufig informieren Sie sich über die für Sie relevanten Themen zur COVID-19-Impfung?

Orientierungsbedürfnis nach Fakten

⇒ Die COVID-19-Impfung ist hinsichtlich der verschiedenen Impfstoffe und dessen Verteilung sowie der Impfbürokratie ein kontrovers diskutiertes Thema. Welche unterschiedlichen Sichtweisen werden dazu in Ihrem Umfeld diskutiert?

⇒ Wie wichtig es ist Ihnen verschiedene Perspektiven zu diesen Themen zu betrachten?

⇒ Wieso glauben Sie, dass das Impfthema in Deutschland so umstritten ist?

⇒ Wie detailliert informieren Sie sich zu der Impfpolitik? Warum informieren Sie sich in diesem Ausmaß?

⇒ Inwieweit fühlen Sie sich ausreichend informiert über die COVID-19-Impfung und die Impfpolitik? Fehlen Ihnen bestimmte informative Aspekte zu diesem Thema?

Orientierungsbedürfnis nach Bewertungen

⇒ Wie wichtig ist es für Sie bezüglich der Impfthematik eine klare Stellung beziehen zu können?

⇒ Wessen Meinung ist für Sie besonders relevant, wenn Sie die aktuelle Impfpolitik bewerten wollen?

⇒ Für wie vertrauenswürdig erachten Sie journalistische Äußerungen zur Impfthematik?

⇒ Wie relevant sind journalistische Äußerungen zur Impfthematik für ihre eigene Meinungsbildung?

⇒ Gibt es ausführliche Darlegung der Meinung bestimmter Politiker oder Journalisten mit denen sie konkret übereinstimmen?

Schlussteil

Wir befinden uns von meiner Seite aus jetzt am Ende des heutigen Interviews. Gibt es von Ihnen noch Fragen oder Anmerkungen, die Sie noch hinzufügen möchten?

Dann bedanke ich mich nochmals herzlich für Ihre Zeit und Teilnahme an diesem Interview und verabschiede mich damit.

Literaturverzeichnis

Adams, T. E., Ellis, C., Bochner, A. P., Ploder, A. & Stadlbauer, J. (2020). Autoethnografie. In G. Mey & K. Mruck (Hg.), *Handbuch Qualitative Forschung in der Psychologie* (S. 471–491). Springer Fachmedien Wiesbaden. https://doi.org/10.1007/978-3-658-26887-9_43

Buber, R. & Holzmüller, H. H. (Hg.). (2007). *Qualitative Marktforschung*. Gabler. https://doi.org/10.1007/978-3-8349-9258-1

Döring, N. & Bortz, J. (Hg.). (2016). *Springer-Lehrbuch. Forschungsmethoden und Evaluation in den Sozial- und Humanwissenschaften*. Springer Berlin Heidelberg. https://doi.org/10.1007/978-3-642-41089-5

Döring, N. & Bortz, J. (2016). Datenerhebung. In N. Döring & J. Bortz (Hg.), *Springer-Lehrbuch. Forschungsmethoden und Evaluation in den Sozial- und Humanwissenschaften* (S. 321–577). Springer Berlin Heidelberg. https://doi.org/10.1007/978-3-642-41089-5_10

Hartnack, F. (Hg.). (2019). *Qualitative Forschung mit Kindern*. Springer Fachmedien Wiesbaden. https://doi.org/10.1007/978-3-658-24564-1

Häder, M. (2015). *Empirische Sozialforschung*. Springer Fachmedien Wiesbaden. https://doi.org/10.1007/978-3-531-19675-6

Hoffmann, A.-C. (2019). *Einfluss massenmedialer und interpersonaler Kommunikation*. Springer Fachmedien Wiesbaden. https://doi.org/10.1007/978-3-658-28745-0

Hussy, W., Schreier, M. & Echterhoff, G. (Hg.). (2010). *Forschungsmethoden in Psychologie und Sozialwissenschaften für Bachelor*. Springer Berlin Heidelberg. https://doi.org/10.1007/978-3-540-95936-6

Hussy, W., Schreier, M. & Echterhoff, G. (2010). Qualitative Forschungsmethoden. In W. Hussy, M. Schreier & G. Echterhoff (Hg.), *Forschungsmethoden in Psychologie und Sozialwissenschaften für Bachelor* (S. 183–212). Springer Berlin Heidelberg. https://doi.org/10.1007/978-3-540-95936-6_5

Hussy, W., Schreier, M. & Echterhoff, G. (2013). *Forschungsmethoden in Psychologie und Sozialwissenschaften für Bachelor*. Springer Berlin Heidelberg. https://doi.org/10.1007/978-3-642-34362-9

Kiegelmann, M. (2020). Forschungsethik. In G. Mey & K. Mruck (Hg.), *Handbuch Qualitative Forschung in der Psychologie* (S. 227–246). Springer Fachmedien Wiesbaden. https://doi.org/10.1007/978-3-658-26887-9_28

Krüger, H.-H. (2000). Stichwort: Qualitative Forschung in der Erziehungswissenschaft. *Zeitschrift für Erziehungswissenschaft, 3*(3), 323–342. https://doi.org/10.1007/s11618-000-0036-1

Liebig, S. & Matiaske, W. (2016). *Methodische Probleme in der empirischen Organisationsforschung*. Springer Fachmedien Wiesbaden; Imprint: Springer Gabler.

Lüdders, L. (2017). *Qualitative Methoden und Methodenmix: Ein Handbuch für Studium und Berufspraxis* (1. Aufl.). *Methodenbücher: Bd. 4*. Apollon University Press.

Matthes, J. (2005). The Need for Orientation Towards News Media: Revising and Validating a Classic Concept. *International Journal of Public Opinion Research, 18*(4), 422–444. https://doi.org/10.1093/ijpor/edh118

Mey, G. & Mruck, K. (Hg.). (2020). *Handbuch Qualitative Forschung in der Psychologie.*
    Springer Fachmedien Wiesbaden. https://doi.org/10.1007/978-3-658-26887-9

Mey, G. & Schwentesius, A. (2019). Methoden der qualitativen Kindheitsforschung. In
    F. Hartnack (Hg.), *Qualitative Forschung mit Kindern* (S. 3–47). Springer Fachmedien
    Wiesbaden. https://doi.org/10.1007/978-3-658-24564-1_1

Misoch, S. (2015). *Qualitative Interviews.* De Gruyter Oldenbourg.

Renner, K.-H., Heydasch, T. & Ströhlein, G. (2012). *Forschungsmethoden der Psycholo-*
    gie. VS Verlag für Sozialwissenschaften. https://doi.org/10.1007/978-3-531-93075-6

Ruso, B. (2007). Qualitative Beobachtung. In R. Buber & H. H. Holzmüller (Hg.), *Qualita-*
    tive Marktforschung (S. 525–536). Gabler. https://doi.org/10.1007/978-3-8349-
    9258-1_33

Schlesier, J., Wagener, U. & Moschner, B. (2019). Beobachtung als Methode zur Erfor-
    schung des selbstregulierten Lernens bei Grundschulkindern. In F. Hartnack (Hg.),
    Qualitative Forschung mit Kindern (S. 279–310). Springer Fachmedien Wiesbaden.
    https://doi.org/10.1007/978-3-658-24564-1_9

Schreier, M. (2020). Fallauswahl. In G. Mey & K. Mruck (Hg.), *Handbuch Qualitative*
    Forschung in der Psychologie (S. 19–39). Springer Fachmedien Wiesbaden.
    https://doi.org/10.1007/978-3-658-26887-9_19